CAROLINE LEBAR

JEDEN **SONNTAG** EINE GUTE **TARTE**

INHALT

APFELKARAMELLWALNUSS
APFELKOMPOTT

Mürbeteig (Seite 86)

KOMPOTT
3 Äpfel
1 EL Honig
frisch geriebener Ingwer
(Menge nach Belieben)

GARNITUR
4 Äpfel
100 g extrafeiner Zucker
100 g Walnusskerne
1 kleine Handvoll Heidelbeeren

Butter und Mehl für die Tarte-Form

Für 8 Personen
Tarte-Form: 26 cm Ø

Den Backofen auf 180 °C vorheizen. Eine Tarte-Form einfetten und mit Mehl bestäuben. Mit dem Teig auslegen und in den Backofen schieben. Etwa 15 Minuten backen, bis der Teig eine leicht goldbraune Färbung angenommen hat. Anschließend abkühlen lassen.

Das Kompott zubereiten: Dazu die Äpfel schälen und in kleine Stücke schneiden. Die Apfelstücke zusammen mit dem Honig und dem geriebenen Ingwer in einem Topf zu Kompott einkochen. Das Apfelkompott auf den vorgebackenen Teigboden streichen.

Für die Garnitur die restlichen vier Äpfel schälen und in Scheiben schneiden. Den Zucker und 3 EL Wasser in einen Topf geben und das Ganze bei mittlerer Temperatur unter Rühren erhitzen, bis eine Karamellmasse entstanden ist. Anschließend die Apfelscheiben im Karamell andünsten, dann die Scheiben rosettenförmig auf dem Apfelkompott verteilen.

Die Walnüsse zerstoßen und auf der Apfelrosette arrangieren. Die Tarte nach Belieben mit den Heidelbeeren verzieren.

MEIN TIPP
Etwas Quittengelee in einem Topf erhitzen und die Früchte sehr dünn mit dem flüssigen Gelee einpinseln. Das verleiht ihnen einen hübschen Glanz!

APRIKOSENBROMBEER
MANDELCREME

Mürbeteig (Seite 86)

MANDELCREME
100 g weiche Butter
100 g gemahlene Mandeln
80 g extrafeiner Zucker
2 Eier
1 EL Mehl
1 TL Bittermandel-Aroma

GARNITUR
10 Aprikosen
125 g Brombeeren
brauner Zucker (Menge nach Belieben)
Puderzucker zum Bestäuben

Butter und Mehl für die Tarte-Form

Für 8 Personen
Tarte-Form: 26 cm Ø

Den Backofen auf 180 °C vorheizen. Eine Tarte-Form einfetten und mit Mehl bestäuben. Mit dem Teig auslegen und in den Backofen schieben. Etwa 15 Minuten backen, bis der Teig eine leicht goldbraune Färbung angenommen hat. Anschließend abkühlen lassen.

Die Mandelcreme zubereiten: Dazu die weiche Butter aufschlagen, dann gemahlene Mandeln, Zucker und Eier unterrühren. Das Mehl und das Bittermandel-Aroma unterschlagen, bis eine homogene Creme entstanden ist. Die Creme auf den vorgebackenen Teigboden streichen und das Ganze bei 180 °C erneut etwa 10 Minuten backen.

Die Tarte aus dem Ofen nehmen und einige Minuten abkühlen lassen. In der Zwischenzeit die Aprikosen für die Garnitur in Spalten schneiden und zusammen mit den Brombeeren nach Lust und Laune auf der abgekühlten Tarte arrangieren. Mit dem braunen Zucker bestreuen und weitere 15 Minuten im Ofen backen. Mit Puderzucker bestäubt servieren.

MEIN TIPP
Falls Ihre Brombeeren schon sehr reif und weich sind, sollten Sie sie erst nach dem letzten Backgang auf der Tarte verteilen.

ANANASERDBEER
ANANASKOMPOTT

Sandteig (Seite 87)

KOMPOTT
1 mittelgroße Ananas
Saft von ½ Granatapfel

GARNITUR
1 mittelgroße Ananas
500 g Erdbeeren (z. B. Mara des Bois oder eine andere Delikatess-Erdbeere Ihrer Wahl)
Puderzucker zum Bestäuben

Butter und Mehl für die Tarte-Form

Für 8 Personen
Tarte-Form: 26 cm Ø

Den Backofen auf 180 °C vorheizen. Eine Tarte-Form einfetten und mit Mehl bestäuben. Mit dem Teig auslegen und in den Backofen schieben. Etwa 15 Minuten backen, bis der Teig eine leicht goldbraune Färbung angenommen hat. Anschließend abkühlen lassen.

Das Kompott zubereiten: Dazu die Ananas schälen und in sehr kleine Stücke schneiden, in einen Topf geben und den Saft von einem halben Granatapfel angießen. Das Ganze unter regelmäßigem Rühren bei mittlerer Temperatur einkochen, bis der Granatapfelsaft verdampft ist.

Für die Garnitur die zweite Ananas sorgfältig schälen und in Scheiben schneiden. Danach die eine Hälfte der Scheiben vierteln, die andere Hälfte achteln. Das Ananaskompott auf den vorgebackenen Teigboden streichen, dann obenauf abwechselnd die Ananas-Viertel und -Achtel arrangieren. Die Tarte bei 180 °C weitere 25–30 Minuten backen.

Anschließend abkühlen lassen und die Erdbeeren nach Herzenslust auf der Tarte anrichten. Einige davon mit Puderzucker bestäuben.

ZWEIERLEI **SÜSSKIRSCHEN**
MANDEL-MASCARPONE-CREME

Sandteig (Seite 87)

MANDEL-MASCARPONE-CREME
100 g Mascarpone
2 Eigelb
100 g gemahlene Mandeln
1 kleiner TL Bittermandel-Aroma
200 g Crème fraîche
40 g Puderzucker
5 g Maisstärke

GARNITUR
400 g Süßkirschen der Sorte Große Prinzessin
500 g Süßkirschen der Sorte Burlat
brauner Zucker (Menge nach Belieben)

Butter und Mehl für die Tarte-Form

Für 8 Personen
Tarte-Form: 26 cm Ø

Den Backofen auf 180 °C vorheizen. Eine Tarte-Form einfetten und mit Mehl bestäuben. Mit dem Teig auslegen und in den Backofen schieben. Etwa 15 Minuten backen, bis der Teig eine leicht goldbraune Färbung angenommen hat. Anschließend abkühlen lassen.

Die Mandel-Mascarpone-Creme zubereiten: Dazu den Mascarpone mit den Eigelben aufschlagen, dann gemahlene Mandeln, Bittermandel-Aroma, Crème fraîche, Puderzucker und Maisstärke zugeben. Alles gründlich verrühren, bis eine homogene Creme entstanden ist.

Die Creme auf den vorgebackenen Teigboden streichen und nach Lust und Laune die Große-Prinzessin-Kirschen darauf arrangieren. Die Tarte bei 180 °C weitere 15–20 Minuten backen, dann aus dem Ofen nehmen und abkühlen lassen. Anschließend die Burlat-Kirschen nach Belieben auf der Tarte verteilen. Mit braunem Zucker bestreuen und vor dem Verzehr 1 knappe Stunde im Kühlschrank kalt stellen.

MEIN TIPP
Suchen Sie die Burlat-Kirschen nach der Farbe aus und spielen Sie beim Belegen der Tarte mit den verschiedenen Farbabstufungen.

NOCH EINE BEMERKUNG
Ich hatte Lust, gegarte und rohe Früchte zu mischen. Falls Ihre Große-Prinzessin-Kirschen aber schon schön reif und süß sein sollten, können Sie für dieses Rezept auch einfach beide Kirschsorten roh verwenden..

PFIRSICH**FEIGEN**BROMBEER
HASELNUSSCREME

Sandteig (Seite 87)

HASELNUSSCREME
100 g weiche Butter
100 g gemahlene Haselnüsse
80 g extrafeiner Zucker
2 Eier
1 EL Mehl

GARNITUR
5 gelbe Pfirsiche, in Spalten geschnitten
10 schwarze Feigen, in Spalten geschnitten
125 g schöne Brombeeren

Butter und Mehl für die Tarte-Form

Für 8 Personen
Tarte-Form: 26 cm Ø

Den Backofen auf 180 °C vorheizen. Eine Tarte-Form einfetten und mit Mehl bestäuben. Mit dem Teig auslegen und in den Backofen schieben. Etwa 15 Minuten backen, bis der Teig eine leicht goldbraune Färbung angenommen hat. Anschließend abkühlen lassen.

Die Haselnusscreme zubereiten: Dazu die weiche Butter aufschlagen. Die gemahlenen Haselnüsse und den Zucker zugeben, danach die Eier und das Mehl unterschlagen, bis eine Masse mit cremiger Konsistenz entstanden ist.

Die Haselnusscreme auf den vorgebackenen Teigboden streichen und die Tarte bei 180 °C weitere 15 Minuten im Backofen backen. Aus dem Ofen nehmen und mit den Pfirsich- und den Feigenspalten belegen. Anschließend nochmals 10–15 Minuten im Ofen backen, bis die Früchte gerade eben weich sind. Aus dem Ofen nehmen und mit den frischen Brombeeren garnieren.

MEIN TIPP
Für die Rosette in der Mitte sollten Sie die Früchte in dünnere Scheiben (etwa 5 mm dick) schneiden. So lassen sie sich leichter auf der Tarte arrangieren.

APFELKARAMELLSESAM

APFELKOMPOTT

Zuckerteig (Seite 86)

FÜR DIE GARNITUR

6 Äpfel (z. B. Chantecler oder eine andere süße, aromatische Sorte Ihrer Wahl)
150 g extrafeiner Zucker
Mark von 1 Vanilleschote
1 Pck. Vanillezucker
40 g geröstete Sesamsamen

Butter und Mehl für die Tarte-Form

Für 8 Personen
Tarte-Form: 26 cm Ø

Den Backofen auf 160 °C vorheizen. Eine Tarte-Form einfetten und mit Mehl bestäuben. Mit dem Teig auslegen und in den Backofen schieben. Etwa 15 Minuten backen, bis der Teig eine leicht goldbraune Färbung angenommen hat. Anschließend abkühlen lassen.

Für die Garnitur die Äpfel schälen, dann jeweils in acht Spalten schneiden.

Den Karamell zubereiten: Dazu den Zucker und 4 EL Wasser in eine große Schwenkpfanne geben und bei mittlerer Temperatur unter ständigem Rühren erhitzen, bis der Zucker flüssig und braun wird. Dann das Mark einer Vanilleschote hinzufügen und gut verrühren. Drei der in Achtel geschnittenen Äpfel in die Pfanne geben und die Spalten bei niedriger Temperatur 20 Minuten andünsten. Nach der Hälfte der Zeit wenden. Die Apfelspalten, sobald sie weich und mit Karamell überzogen sind, beiseitestellen.

Zwei der restlichen Apfelspalten in sehr dünne Scheiben schneiden und im Karamell andünsten. Danach auf einer Lage Backpapier verteilen und für 3–4 Minuten in den sehr heißen Backofen schieben, um Apfelchips herzustellen. Die Chips abkühlen lassen. Die Karamellreste für das Kompott aufbewahren.

Das Kompott zubereiten: Dazu die restlichen Apfelspalten klein schneiden und mit 100 ml Wasser, dem restlichen Vanillemark und dem Vanillezucker in einen Topf geben. Bei mittlerer Temperatur 30–40 Minuten einkochen. Gegen Ende der Garzeit den beiseitegestellten Karamell hinzufügen.

Das Apfelkompott auf den vorgebackenen Teigboden streichen und gleichmäßig mit den Sesamsamen bestreuen. Die karamellisieren Apfelspalten jeweils mit etwas Abstand darüber verteilen. In der Tarte-Mitte eine Rosette formen. Als Dekoration die Apfelchips verwenden.

MEINE TIPPS

Ich rate Ihnen, einige der Apfelspalten zu halbieren. Mit diesen etwas dünneren Scheiben lässt sich die Rosette in der Mitte leichter anordnen. Bei der Vanilleschote empfiehlt es sich, sie zuerst längs aufzuschneiden und das Mark mit der Spitze eines Messers herauszukratzen.

HIMBEERJOHANNISBEER**SPEKULATIUS**
CRÈME PÂTISSIÈRE

Sandteig mit Mandeln (Seite 87)

CRÈME PÂTISSIÈRE
250 ml Vollmilch
1 TL Bittermandel-Aroma
3 Eigelb
70 g extrafeiner Zucker
5 g Mehl
20 g Maisstärke
5 g Butter, in Würfel geschnitten

GARNITUR
750 g Himbeeren
Puderzucker (Menge nach Belieben)
4 Spekulatius
einige Johannisbeerrispen

Für 8 Personen
Tarte-Form: 26 cm Ø

Den Backofen auf 180 °C vorheizen. Eine Tarte-Form einfetten und mit Mehl bestäuben, mit dem Teig auslegen und in den Backofen schieben. Etwa 15 Minuten backen, bis der Teig eine leicht goldbraune Färbung angenommen hat. Anschließend abkühlen lassen.

Die Crème Pâtissière zubereiten: In einem Topf die Milch zum Kochen bringen und das Bittermandel-Aroma hinzufügen. In einer großen Schüssel die Eigelbe mit dem Zucker schaumig schlagen. Löffelweise das Mehl und die Maisstärke unterrühren, bis die Creme glatt ist. Danach langsam die heiße Milch zugießen und rühren, bis eine flüssige, homogene Masse entstanden ist. Das Ganze zurück in den Topf geben und unter ständigem Rühren bei niedriger Temperatur erhitzen, bis die Creme andickt. Den Topf vom Herd nehmen. Die Butter hinzufügen und etwa 1 Minute verrühren. Die Creme abkühlen lassen, dann auf dem vorgebackenen Teigboden verteilen und glatt streichen.

Die Himbeeren ringförmig auf der Tarte anordnen und dabei am Rand beginnen. Zunächst ganze Himbeeren mit der Unterseite nach oben auf die Tarte setzen, dann mit halben Himbeeren fortfahren (dafür große Himbeeren wählen).
Die Kreise bis zur Mitte hin variieren, die Himbeeren anschließend mit Puderzucker bestäuben. Die Spekulatius zerkrümeln und die Krümel zwischen den Früchten garnieren. Zum Schluss einige Johannisbeeren zwischen die Himbeeren setzen.

MEIN TIPP
Die Himbeeren längs halbieren und vorsichtig flach drücken – so sieht der Belag besonders hübsch aus.

BROMBEERMANGO**HIMBEER**
CRÈME PÂTISSIÈRE

Bretonischer Sandteig (Seite 87)

CRÈME PÂTISSIÈRE
250 ml Vollmilch
1 Vanilleschote, aufgeschlitzt
und ausgekratzt
3 Eigelb
70 g extrafeiner Zucker
5 g Mehl
20 g Maisstärke
5 g Butter, in Würfel geschnitten

GARNITUR
75 g Brombeeren
125 g Himbeeren
½ Mango

Butter und Mehl für die Tarte-Form

Für 8 Personen
Tarte-Form: 26 cm Ø

Den Backofen auf 160 °C vorheizen. Eine Tarte-Form einfetten und mit Mehl bestäuben, dann darin den Teig mindestens 3 mm dick auslegen, ohne einen Rand zu formen. In den Backofen schieben und 25–30 Minuten backen. Der Teig sollte durchgebacken und aufgegangen sein sowie eine goldbraune Färbung angenommen haben. Anschließend abkühlen lassen.

Die Crème Pâtissière zubereiten: In einem Topf die Milch mit Vanillemark und -schote zum Kochen bringen. In einer großen Schüssel die Eigelbe mit dem Zucker schaumig schlagen. Löffelweise das Mehl und die Maisstärke unterrühren, bis die Creme glatt ist. Danach langsam die heiße Milch (ohne die Vanilleschote) zugießen und rühren, bis eine flüssige, homogene Masse entstanden ist. Das Ganze zurück in den Topf geben und unter ständigem Rühren bei niedriger Temperatur erhitzen, bis die Creme andickt. Den Topf vom Herd nehmen. Die Butter hinzufügen und etwa 1 Minute verrühren. Die Creme abkühlen lassen, dann auf dem vorgebackenen Teigboden verteilen und glatt streichen.

Die Mango für die Garnitur schälen und in dünne Scheiben schneiden. Beeren und Mangoscheiben nach Lust und Laune auf der Tarte anrichten.

MEIN TIPP
Wenn Sie für Ihren Sandteig einen glatten Rand wünschen, benutzen Sie für dieses Rezept einfach eine nicht kannelierte runde Backform.

APFELZITRUSFRÜCHTE**CRANBERRIES**

Mürbeteig (Seite 86)

GARNITUR
1 süße Grapefruit
4 unbehandelte Mandarinen
1 großzügige Prise gemahlener Zimt
1 EL Honig
3 Äpfel (z. B. Pink Lady, Ariane, Golden Delicious)
1 unbehandelte Orange
100 g extrafeiner Zucker
40 g getrocknete Cranberries

Butter und Mehl für die Tarte-Form

Für 8 Personen
Tarte-Form: 26 cm Ø

Die Grapefruit und 2 der Mandarinen auspressen. Den Saft in einen großen Topf gießen und den Zimt sowie den Honig hineingeben. Die Äpfel schälen, in etwa 3 cm dicke Scheiben schneiden und diese ebenfalls in den Topf geben. Mit Frischhaltefolie abdecken und beiseitestellen. Das Ganze nach 2–3 Stunden Ruhezeit bei mittlerer Temperatur etwa 15 Minuten köcheln lassen, bis die Apfelscheiben gar sind, aber noch Biss haben.

Den Backofen auf 180 °C vorheizen. Eine Tarte-Form einfetten und mit Mehl bestäuben. Mit dem Teig auslegen und in den Backofen schieben. Etwa 30 Minuten backen, bis der Teig eine goldbraune Färbung angenommen hat. Anschließend abkühlen lassen.

Die Orange und die restlichen beiden Mandarinen mitsamt der Schale in dünne Scheiben schneiden. In einer Schwenkpfanne 400 ml Wasser und den Zucker unter ständigem Rühren aufkochen. Sobald die Konsistenz sirupartig ist, die Orangen- und Mandarinenscheiben hineingeben und unter gelegentlichem Wenden dünsten, bis der Karamell zu bräunen beginnt. Die karamellisierten Fruchtscheiben behutsam (Vorsicht: Sie fallen leicht auseinander!) aus der Pfanne nehmen und auf Backpapier abkühlen lassen.

Die Apfelscheiben auf der Tarte verteilen und mithilfe eines Küchenspatels leicht flach drücken, damit sie den Teigboden vollständig bedecken. Die Oberfläche sollte glatt aussehen. Obenauf die karamellisierten Zitrusfrüchtescheiben und die Cranberries arrangieren.

MEIN TIPP
Bitte achten Sie darauf, dass Sie die karamellisierten Zitrusfrüchtescheiben vor dem Abkühlen auf dem Backpapier wieder in eine möglichst gleichmäßig runde Form bringen.

ERDBEERHIMBEER**HEIDELBEER**
MANDELCREME

Mürbeteig (Seite 86)

FÜR DIE MANDELCREME
100 g weiche Butter
100 g gemahlene Mandeln
80 g extrafeiner Zucker
2 Eier
1 EL Mehl

FÜR DIE GARNITUR
250 g Erdbeeren
Saft von ½ Zitrone
1 EL extrafeiner Zucker
2 großzügige EL Johannisbeergelee
125 g Himbeeren
2–3 Johannisbeerrispen
125 g schöne Heidelbeeren

Butter und Mehl für die Tarte-Form

Für 8 Personen
Tarte-Form: 26 cm Ø

Den Backofen auf 180 °C vorheizen. Eine Tarte-Form einfetten und mit Mehl bestäuben. Mit dem Teig auslegen und in den Backofen schieben. Etwa 15 Minuten backen, bis der Teig eine leicht goldbraune Färbung angenommen hat. Anschließend abkühlen lassen.

Die Mandelcreme zubereiten: Dazu die weiche Butter aufschlagen, dann gemahlene Mandeln, Zucker und Eier unterrühren. Das Mehl unterschlagen, bis eine homogene Creme entstanden ist. Die Creme auf den vorgebackenen Teigboden streichen und das Ganze bei 160 °C erneut etwa 20 Minuten backen.

Die Erdbeeren für die Garnitur halbieren und in eine Schüssel legen. Mit dem Zitronensaft beträufeln und mit dem Zucker bestreuen. Die Schüssel mit den Erdbeeren zum Durchziehen in den Kühlschrank stellen.

Die Tarte aus dem Ofen nehmen und abkühlen lassen. In einem Topf das Johannisbeergelee erhitzen und die abgekühlte Tarte damit einpinseln.

Obenauf nach Belieben die Beeren arrangieren.

ERDBEERKIRSCH
PISTAZIENBODEN

PISTAZIENBODEN
3 Eier
100 g Zucker
75 g Mehl, gesiebt
80 g gemahlene Pistazien
1 Pck. Backpulver
100 g Butter, zerlassen

CRÈME PÂTISSIÈRE
250 ml Vollmilch
1 Vanilleschote, aufgeschlitzt und ausgekratzt
3 Eigelb
70 g extrafeiner Zucker
5 g Mehl
20 g Maisstärke
5 g Butter, in Würfel geschnitten

GARNITUR
250 g Kirschen
500 g Erdbeeren
gehackte Pistazien zum Bestreuen

Butter und Mehl für die Tarte-Form

Für 8 Personen
Tarte-Form: 26 cm Ø

Als Erstes den Pistazienboden zubereiten: Dazu zwei Eier trennen, das dritte Ei ganz lassen. Den Zucker mit den beiden Eigelben und dem ganzen Ei schaumig schlagen, dann nach und nach Mehl, gemahlene Pistazien und Backpulver untermischen. Die zerlassene Butter hinzufügen und so lange rühren, bis ein cremiger Teig entstanden ist. Das Eiweiß zu Schnee schlagen und unter den Teig heben.

Den Backofen auf 180 °C vorheizen. Eine Tarte-Form einfetten und mit Mehl bestäuben. Den Teig in die Form füllen und in den Backofen schieben. 25–30 Minuten backen, dann aus der Form nehmen und abkühlen lassen. Den Kuchen anschließend quer halbieren, um einen etwa 1 cm hohen Teigboden zu erhalten. Den Pistazienboden 4 Minuten unter dem Backofengrill backen.

Die Crème Pâtissière zubereiten: In einem Topf die Milch mit Vanillemark und -schote zum Kochen bringen. In einer großen Schüssel die Eigelbe mit dem Zucker schaumig schlagen. Löffelweise das Mehl und die Maisstärke unterrühren, bis die Creme glatt ist. Danach langsam die heiße Milch (ohne die Vanilleschote) zugießen und rühren, bis eine flüssige, homogene Masse entstanden ist. Das Ganze zurück in den Topf geben und unter ständigem Rühren bei niedriger Temperatur erhitzen, bis die Creme andickt. Den Topf vom Herd nehmen. Die Butter hinzufügen und etwa 1 Minute verrühren. Die Creme abkühlen lassen, dann auf dem vorgebackenen Teigboden verteilen und glatt streichen.

Die Kirschen entsteinen und halbieren, einen Teil der Erdbeeren ebenfalls halbieren. Dann die Früchte nach Lust und Laune auf der Tarte anrichten. Zum Schluss mit gehackten Pistazien bestreuen.

MEINE TIPPS
Als Erdbeersorte empfehle ich hier Mara des Bois. Sie schmecken aromatisch und haben eine schön runde Form, daher passen sie sehr gut zu diesem Tarte-Rezept. Um zu überprüfen, ob der Pistazienboden fertig gebacken ist, den Boden mit einer Messerspitze in der Mitte einstechen. Die Spitze muss sauber wieder herauskommen.

DREIERLEIERDBEEREN**BROMBEEREN**
CRÈME PÂTISSIÈRE

Bretonischer Sandteig (Seite 87)

CRÈME PÂTISSIÈRE
250 ml Vollmilch
1 TL Bittermandel-Aroma
3 Eigelb
70 g extrafeiner Zucker
5 g Mehl
20 g Maisstärke
5 g Butter, in Würfel geschnitten

GARNITUR
250 g Ananas-Erdbeeren
125 g Himbeer-Erdbeeren
250 g Gariguette-Erdbeeren
125 g Brombeeren

Butter und Mehl für die Tarte-Form

Für 8 Personen
Tarte-Form: 26 cm Ø

Den Backofen auf 180 °C vorheizen. Eine Tarte-Form einfetten und mit Mehl bestäuben, dann darin den Teig mindestens 3 mm dick auslegen. In den Backofen schieben und 30 Minuten backen. Der Teig sollte durchgebacken und aufgegangen sein sowie eine goldbraune Färbung angenommen haben. Anschließend abkühlen lassen.

Die Crème Pâtissière zubereiten: In einem Topf die Milch zum Kochen bringen und das Bittermandel-Aroma hinzufügen. In einer großen Schüssel die Eigelbe mit dem Zucker schaumig schlagen. Löffelweise das Mehl und die Maisstärke unterrühren, bis die Creme glatt ist. Danach langsam die heiße Milch zugießen und rühren, bis eine flüssige, homogene Masse entstanden ist. Das Ganze zurück in den Topf geben und unter ständigem Rühren bei niedriger Temperatur erhitzen, bis die Creme andickt. Den Topf vom Herd nehmen. Die Butter hinzufügen und etwa 1 Minute verrühren. Die Creme abkühlen lassen, dann auf dem vorgebackenen Teigboden verteilen und glatt streichen.

Die Früchte nach Belieben ganz lassen oder halbieren und auf der Tarte arrangieren.

MEIN TIPP
Ich hatte das Glück, bei meinen Obst- und Gemüsehändlern auf diese besonderen Erdbeersorten zu stoßen. Falls Sie sie nicht bekommen können, nehmen Sie stattdessen einfach Himbeeren, Walderdbeeren oder andere Beeren Ihrer Wahl.

GARIGUETTE ERDBEEREN

CRÈME PÂTISSIÈRE

Sandteig (Seite 87)

CRÈME PÂTISSIÈRE
250 ml Vollmilch
1 Vanilleschote, aufgeschlitzt und ausgekratzt
3 Eigelb
70 g extrafeiner Zucker
5 g Mehl
20 g Maisstärke
5 g Butter, in Würfel geschnitten

GARNITUR
750 g Gariguette-Erdbeeren

Butter und Mehl für die Tarte-Form

Für 8 Personen
Tarte-Form: 26 cm Ø

Den Backofen auf 180 °C vorheizen. Eine Tarte-Form einfetten und mit Mehl bestäuben. Mit dem Teig auslegen und in den Backofen schieben. Etwa 30 Minuten backen, bis der Teig gut durchgebacken ist und eine goldbraune Färbung angenommen hat. Anschließend abkühlen lassen.

Die Crème Pâtissière zubereiten: In einem Topf die Milch mit Vanillemark und -schote zum Kochen bringen. In einer großen Schüssel die Eigelbe mit dem Zucker schaumig schlagen. Löffelweise das Mehl und die Maisstärke unterrühren, bis die Creme glatt ist. Danach langsam die heiße Milch (ohne die Vanilleschote) zugießen und rühren, bis eine flüssige, homogene Masse entstanden ist. Das Ganze zurück in den Topf geben und unter ständigem Rühren bei niedriger Temperatur erhitzen, bis die Creme andickt. Den Topf vom Herd nehmen. Die Butter hinzufügen und etwa 1 Minute verrühren.
Die Creme abkühlen lassen, dann auf dem vorgebackenen Teigboden verteilen und glatt streichen.

Die Erdbeeren halbieren und versetzt auf der Tarte anordnen.

MEIN TIPP
Aufgrund ihrer Form eignen die Gariguette-Erdbeeren sich sehr gut für diese Art der Anordnung. Die größten Erdbeeren sollten Sie in der Mitte platzieren.

APRIKOSENSIRUP
MANDELCREME

Mürbeteig (Seite 86)

MANDELCREME
100 g weiche Butter
100 g gemahlene Mandeln
80 g Zucker
2 Eier
100 ml Aprikosensirup
1 EL Mehl

GARNITUR
1,2 kg in Sirup eingelegte Aprikosenhälften (aus der Dose), abgetropft und Sirup aufgefangen
brauner Zucker (Menge nach Belieben)
Puderzucker zum Bestäuben

Butter und Mehl für die Tarte-Form

Für 8 Personen
Tarte-Form: 26 cm Ø

Den Backofen auf 180 °C vorheizen. Eine Tarte-Form einfetten und mit Mehl bestäuben. Mit dem Teig auslegen und in den Backofen schieben. Etwa 15 Minuten backen, bis der Teig eine leicht goldbraune Färbung angenommen hat. Anschließend abkühlen lassen.

Die Mandelcreme zubereiten: Dazu die weiche Butter mit einem Küchenspatel geschmeidig rühren. Die gemahlenen Mandeln und den Zucker einarbeiten, danach die Eier unterschlagen. Den Aprikosensirup und das Mehl zugeben und rühren, bis eine cremige Masse entstanden ist.

Die Mandelcreme auf den vorgebackenen Teigboden streichen und obenauf die Aprikosen arrangieren. Mit braunem Zucker bestreuen und die Tarte weitere 20–25 Minuten im Backofen backen.

Vor dem Servieren mit Puderzucker bestäuben.

MEIN TIPP
Damit die Früchte sich schön gleichmäßig und leicht anordnen lassen, empfehle ich, die Aprikosenhälften jeweils in vier Spalten zu schneiden.

HIMBEERHEIDELBEER**JOHANNISBEER**
APFELKOMPOTT

Sandteig (Seite 87)

APFELKOMPOTT
4 Äpfel (vorzugsweise Chantecler oder eine andere süße, aromatische Sorte Ihrer Wahl)
1 Vanilleschote, aufgeschlitzt und ausgekratzt
1 EL Honig
1 Pck. Vanillezucker

GARNITUR
750 g Heidelbeeren
375 g Himbeeren
1 Johannisbeerrispe
Puderzucker zum Bestäuben

Butter und Mehl für die Tarte-Form

Für 8 Personen
Tarte-Form: 26 cm Ø

Den Backofen auf 180 °C vorheizen. Eine Tarte-Form einfetten und mit Mehl bestäuben. Mit dem Teig auslegen und in den Backofen schieben. Etwa 15 Minuten backen, bis der Teig eine leicht goldbraune Färbung angenommen hat. Anschließend abkühlen lassen.

Das Apfelkompott zubereiten: Dazu die Äpfel schälen, grob reiben und mit Vanillemark und -schote in einen Topf geben. Den Honig und den Vanillezucker hinzufügen. Den Deckel auflegen und den Topfinhalt bei niedriger Temperatur unter gelegentlichem Rühren 40 Minuten einkochen.

Die Vanilleschote entfernen und das Apfelkompott auf den vorgebackenen Teigboden streichen. Obenauf nach Belieben Heidelbeeren, Himbeeren und Johannisbeeren verteilen. Vor dem Backen die Himbeeren und die Johannisbeeren wieder entfernen und nur die Heidelbeeren auf der Tarte belassen.
Die Tarte bei 180 °C weitere 20 Minuten backen.

Wenn die Tarte fertig gebacken ist, die freien Stellen mit den frischen Himbeeren und Johannisbeeren auffüllen und nach Belieben mit Puderzucker bestäuben.

MEINE TIPPS
Um hübsche grafische Effekte zu erzielen, können Sie einzelne Himbeeren einfach mit Puderzucker überziehen, bevor Sie sie auf der Tarte anrichten.
Beim Verstreichen des Apfelkompotts darauf achten, dass eine glatte Oberfläche entsteht.

APFEL**MANGO**CRANBERRIES

Blitzblätterteig (Seite 87)

GARNITUR
3 Mangos
4 Äpfel (vorzugsweise Ariane oder Golden Delicious)
70 g getrocknete Cranberries
1 großzügige Prise Zucker für das Zuckerwasser
50 g leicht gesalzene Butter
150 g brauner Zucker
Saft von 1 Zitrone
Saft von 1 Mandarine
½ TL gemahlener Zimt

Crème fraîche zum Servieren

Für 8 Personen
Tarte-Form: 26 cm Ø

Die Mangos schälen und in 8 mm bis 1 cm dicke Scheiben schneiden. Die Äpfel schälen und achteln. Die Cranberries in heißem Zuckerwasser 30 Minuten aufquellen lassen.

In einer Schwenkpfanne die Butter zerlassen, den braunen Zucker hineingeben und bei mittlerer Temperatur unter ständigem Rühren erhitzen, bis der Karamell fest wird. Zum Verdünnen den Zitronen- und Mandarinensaft angießen. Mangoscheiben und Apfelspalten sowie den Zimt zugeben und bei niedriger Temperatur 10 Minuten abgedeckt köcheln lassen. Die Früchte nach der Hälfte der Zeit vorsichtig wenden.

Den Backofen auf 180 °C vorheizen. In der Zwischenzeit den Boden der Tarte-Form mit den karamellisierten Mango- und Apfelscheiben belegen und drei Viertel des noch heißen Karamells darübergießen (den Rest für die Cranberries aufheben). Um nach dem Backen einen hübschen Effekt zu erzielen, einen runden Ausstecher auf den Boden der Tarte-Form setzen und die Apfelspalten rosettenförmig darum anordnen; später mit den karamellisierten Cranberries füllen (s. u.). Anschließend mit dem Verteilen der Mangoscheiben beginnen und dabei vom Rand aus starten.

Den Teig ausrollen (etwas größer als die Tarte-Form), dann um den Teigroller wickeln und anschließend auf den Früchten vorsichtig wieder ausrollen. Den überstehenden Teig umschlagen und zu einem dicken Rand formen, dabei den Konturen der Tarte-Form folgen. So lässt die Tarte sich hinterher leichter aus der Form nehmen. Die Mango-Apfel-Tarte in den Backofen schieben und 20–25 Minuten backen, bis der Teig eine goldbraune Färbung angenommen hat. Die Tarte heiß aus der Form nehmen.

Die Cranberries im restlichen Karamell andünsten, damit sie einen schönen Glanz bekommen. Anschließend in das Ausstechförmchen füllen und das Förmchen danach entfernen.

Mit etwas Crème fraîche oder auch ohne Beilage lauwarm servieren.

MEIN TIPP
Wer vermeiden möchte, dass der Teig beim Backen in dem leeren Ausstechförmchen einsinkt, sollte es einfach mit Obstresten auffüllen und diese, nachdem die Tarte aus der Form genommen wurde, durch die Cranberries ersetzen.

NEKTARINENHELL**&**DUNKEL
NEKTARINENKOMPOTT

Mürbeteig (Seite 86)

KOMPOTT
5 gelbe Nektarinen
1 großzügiger EL Honig
Saft von ½ Zitrone

GARNITUR
6 gelbe Nektarinen
6 weiße Nektarinen
125 g Johannisbeeren

Butter und Mehl für die Tarte-Form

Für 8 Personen
Tarte-Form: 26 cm Ø

Das Kompott zubereiten: Dazu die gelben Nektarinen schälen und in kleine Stücke schneiden. Die Nektarinenstückchen mit dem Honig und dem Zitronensaft in einen Topf füllen und bei niedriger Temperatur 1 Stunde einkochen.

Den Backofen auf 180 °C vorheizen. Eine Tarte-Form einfetten und mit Mehl bestäuben. Mit dem Teig auslegen und in den Backofen schieben. Etwa 15 Minuten backen, bis der Teig eine leicht goldbraune Färbung angenommen hat. Anschließend abkühlen lassen.

Das Nektarinenkompott auf den vorgebackenen Teigboden streichen. Die gelben und die weißen Nektarinen in 4–5 mm dicke Scheiben schneiden und auf dem Kompott anrichten. Die Tarte bei 180 °C weitere 25 Minuten backen, dann aus dem Ofen nehmen und mit den Johannisbeeren dekorieren.

MEIN TIPP
Die Nektarinen lassen sich hier prima mit Schale verwenden!

APFELBIRNEN
BITTERSCHOKOLADE

Zuckerteig mit Zimt (Seite 86)

GARNITUR
2 Äpfel
3 Birnen (vorzugsweise Vereinsdechant)
1 großzügiger EL Honig
40 g Zartbitterschokolade
50 g gehackte Mandeln

Butter und Mehl für die Tarte-Form

Für 8 Personen
Tarte-Form: 26 cm Ø

Den Backofen auf 180 °C vorheizen. Eine Tarte-Form einfetten und mit Mehl bestäuben. Mit dem Teig auslegen und in den Backofen schieben. Etwa 15 Minuten backen, bis der Teig eine leicht goldbraune Färbung angenommen hat. Anschließend abkühlen lassen.

Die Früchte für die Garnitur schälen und die Birnen in etwa 7 mm große Würfel schneiden. Mit 1½ Äpfeln ebenso verfahren, den restlichen halben Apfel beiseitelegen (und in Frischhaltefolie wickeln, damit er nicht braun wird). Die Obstwürfel in einem großen Topf mit 400 ml Wasser und dem Honig bei mittlerer Temperatur 15 Minuten köcheln und danach abkühlen lassen.

Die Schokolade raspeln und auf den vorgebackenen Teigboden streuen. Die Apfel- und die Birnenwürfel darauf verteilen. Den beiseitegelegten halben Apfel in sehr dünne Spalten schneiden und diese rosettenförmig auf der Tarte arrangieren.

Die Tarte mit den gehackten Mandeln bestreuen und bei 180 °C weitere 20 Minuten backen. Am besten noch lauwarm servieren.

KIWI**APFEL**LITSCHI
APFELKOMPOTT

Zuckerteig mit Zimt (Seite 86)

KOMPOTT
3 Äpfel
3 Kiwis
Saft von 1 Limette
2 EL brauner Zucker

GARNITUR
5 Kiwis
2 Äpfel
7–8 Litschis
½ EL gemahlener Zimt

Butter und Mehl für die Tarte-Form

Für 8 Personen
Tarte-Form: 26 cm Ø

Den Backofen auf 180 °C vorheizen. Eine Tarte-Form einfetten und mit Mehl bestäuben. Mit dem Teig auslegen und in den Backofen schieben. Etwa 15 Minuten backen, bis der Teig eine leicht goldbraune Färbung angenommen hat. Anschließend abkühlen lassen.

Die Äpfel und die Kiwis schälen. Für das Kompott 3 Äpfel grob reiben und 3 Kiwis in kleine Stücke schneiden. Alles zusammen mit dem Limettensaft in einen Topf füllen. Den braunen Zucker hinzufügen und das Ganze bei niedriger Temperatur 40 Minuten einkochen, dann das Kompott beiseitestellen.

Das Kompott auf den vorgebackenen Teigboden streichen. Die restlichen Kiwis und Äpfel in dünne Scheiben schneiden und auf der Tarte verteilen. Einige Stellen für die Litschis frei lassen. Die Tarte bei 180 °C weitere 20 Minuten backen. In der Zwischenzeit die Litschis schälen und in dünne Scheiben schneiden. Die Tarte nach dem Backen abkühlen lassen und die freien Stellen mit den Litschischeiben garnieren. Zum Schluss mit etwas Zimt bestäuben.

RICOTTAHONIG**FEIGEN**MANDEL

KARAMELLISIERTE FEIGEN

Mürbeteig (Seite 86)

GARNITUR
8 große Feigen
1 gehäufter EL Honig
250 g Ricotta
100 g Mascarpone
60 g Zucker
Abrieb von 1 unbehandelten Zitrone
1 Ei
etwa 30 ganze geschälte Mandeln
Puderzucker zum Bestäuben

Butter und Mehl für die Tarte-Form

Für 8 Personen
Tarte-Form: 26 cm Ø

Den Backofen auf 180 °C vorheizen. Eine Tarte-Form einfetten und mit Mehl bestäuben. Mit dem Teig auslegen und in den Backofen schieben. Etwa 15 Minuten backen, bis der Teig eine leicht goldbraune Färbung angenommen hat. Anschließend abkühlen lassen.

Die Feigen für die Garnitur waschen, quer in dünne Scheiben schneiden und in einer Pfanne im Honig dünsten, bis diese karamellisiert sind.

Den Ricotta mit Mascarpone, Zucker und Zitronenabrieb aufschlagen, dann das Ei zugeben und alles gut miteinander verrühren.

Den vorgebackenen Teigboden mit den karamellisierten Feigen belegen (einige zum Dekorieren der Tarte aufbewahren) und darüber die Ricotta-Mascarpone-Masse verteilen. Die Tarte bei 180 °C weitere 15–20 Minuten backen. Anschließend mit den restlichen Feigenscheiben und den Mandeln verzieren. Abkühlen lassen und vor dem Verzehr einige Stunden im Kühlschrank aufbewahren. Den Rand mit etwas Puderzucker bestäuben.

MEIN TIPP
Insbesondere nach dem Dünsten sind die Feigenscheiben sehr empfindlich, deshalb ganz behutsam mit ihnen umgehen! Die schönsten Scheiben sollten Sie zum Verzieren der Tarte aufheben.

PECANPIE
AHORNSIRUP

Sandteig (Seite 87)

GARNITUR
250 g Pekannüsse
100 g weiche Butter
50 g brauner Zucker
4 Eier
200 ml Ahornsirup

Butter und Mehl für die Tarte-Form

Für 8 Personen
Tarte-Form: 26 cm Ø

Den Backofen auf 180 °C vorheizen. Eine Tarte-Form einfetten und mit Mehl bestäuben. Mit dem Teig auslegen und in den Backofen schieben. Etwa 15 Minuten backen, bis der Teig eine leicht goldbraune Färbung angenommen hat. Anschließend abkühlen lassen.

In einer großen Pfanne die Pekannüsse für die Garnitur rösten, dabei achtgeben, dass sie nicht anbrennen. Die Nüsse abkühlen lassen und die Hälfte davon fein hacken.

Die weiche Butter mit dem braunen Zucker aufschlagen, dann die Eier einzeln einarbeiten und den Ahornsirup und die gehackten Pekannüsse unterrühren. Die Creme auf den vorgebackenen Teigboden streichen. Die Tarte mit einigen ganzen Pekannüssen dekorieren und bei 180 °C weitere 30 Minuten backen.

MEIN TIPP
Heben Sie die schönsten Pekannüsse zum Dekorieren auf.

APFELQUITTE
APFELKOMPOTT

Mürbeteig (Seite 86)

KOMPOTT
4 Äpfel (z. B. Ariane, Chantecler oder eine andere süße, aromatische Sorte Ihrer Wahl)
2 EL Quittengelee
1 Vanilleschote, aufgeschlitzt und ausgekratzt

GARNITUR
2 Äpfel (z. B. Ariane, Chantecler oder eine andere süße, aromatische Sorte Ihrer Wahl)
2 EL Quittengelee
½ EL gemahlene Vanille

Butter und Mehl für die Tarte-Form

Für 8 Personen
Tarte-Form: 26 cm Ø

Den Backofen auf 180 °C vorheizen. Eine Tarte-Form einfetten und mit Mehl bestäuben. Mit dem Teig auslegen und in den Backofen schieben. Etwa 15 Minuten backen, bis der Teig eine leicht goldbraune Färbung angenommen hat. Anschließend abkühlen lassen.

Die Äpfel für das Kompott schälen und achteln. Ein halbes Glas Wasser in einen Topf gießen und die Äpfel, Quittengelee und sowie Vanillemark und -schote hinzufügen. Alles zusammen bei niedriger Temperatur 20–25 Minuten einkochen, dabei das Ganze im Auge behalten und von Zeit zu Zeit vorsichtig umrühren. Die Früchte, sobald sie weich gekocht sind, auf dem vorgebackenen Teigboden verteilen. Die Vanilleschote zuvor entfernen. Die Apfelstücke mit einer Gabel vorsichtig flach drücken, damit eine glatte, gleichmäßige Oberfläche entsteht.

Die übrigen Äpfel für die Garnitur in sehr dünne Scheiben schneiden und auf dem Apfelkompott arrangieren. Die Tarte bei 180 °C weitere 20 Minuten backen. In der Zwischenzeit das restliche Quittengelee in einem Topf bei niedriger Temperatur erhitzen und die Tarte nach dem Backen damit einpinseln. Zum Schluss mit der gemahlenen Vanille bestäuben.

MEINE EMPFEHLUNG
Wenn möglich sollten die Apfelstücke nach dem Einkochen noch ganz sein. Achten Sie bitte darauf, sie auf dem Tarte-Boden nicht zu sehr zu zerdrücken, da der Teig sonst durchweicht.

FEINEAPFEL**TARTE**
GESALZENE BUTTER

Blitzblätterteig (Seite 87)

GARNITUR
75 g gesalzene Butter
100 g brauner Zucker
4 Äpfel (z. B. Goldparmäne, Chantecler oder eine andere süße, aromatische Sorte Ihrer Wahl)

Für 8 Personen
Tarte-Form: 26 cm Ø

In einem kleinen Topf die gesalzene Butter zerlassen.

Ein Blatt Backpapier mit etwas zerlassener Butter einpinseln und mit 25 g Zucker bestreuen. Darauf den Teig ausrollen. Den ausgerollten Teig mit dem Backpapier in eine Tarte-Form legen und mit einer Gabel leicht einstechen.

Die Äpfel schälen, in sehr feine Streifen schneiden und auf dem Teigboden verteilen. Mit der restlichen zerlassenen Butter bestreichen und mit 35 g Zucker bestreuen. Die Tarte bei 180 °C 20 Minuten backen.

Die Tarte aus dem Ofen nehmen. Die restlichen 50 g Butter zerlassen und auf den Äpfeln verstreichen. Die Tarte mit dem restlichen Zucker bestreuen und erneut 20 Minuten backen.

Die Apfeltarte möglichst lauwarm verzehren.

BANANENZIMT**INGWER**

Zuckerteig (Seite 86)

GARNITUR
80 g extrafeiner Zucker
4 schöne, nicht zu reife Bananen
1 Kiwi
1 TL gemahlener Zimt
½ TL gemahlener Ingwer

Für 8 Personen
Tarte-Form: 26 cm Ø

Den Zucker und 2 EL Wasser für die Garnitur in einen Topf geben. Das Ganze bei mittlerer Temperatur unter Rühren erhitzen, bis eine Karamellmasse entstanden ist. Den Karamell, sobald er eine goldbraune, nicht zu dunkle Färbung angenommen hat, in eine runde Backform füllen und gleichmäßig auf dem Boden der Form verteilen.

Drei Bananen schälen und längs halbieren, die vierte Banane in 2–3 cm dicke Scheiben schneiden. Die Kiwi schälen und an der breitesten Stelle eine ebenfalls 2–3 cm dicke Scheibe herausschneiden.

Die Kiwischeibe in die Mitte der Backform legen und die Bananen rings herum auf dem Karamell anordnen. Das Obst mit Zimt und Ingwer bestäuben.

Den Teig ausrollen (etwas größer als die Tarte-Form). Den Teig um den Teigroller wickeln und auf den Früchten vorsichtig wieder ausrollen. Den überstehenden Teig umschlagen und zu einem dicken Rand formen, dabei den Konturen der Form folgen. Dadurch lässt die Tarte sich hinterher leichter aus der Form nehmen.

Die Teigoberfläche mehrmals mit der Spitze eines Messers einschneiden, dann die Tarte in den Backofen schieben. Bei 180 °C etwa 30 Minuten backen. Anschließend einige Minuten ruhen lassen, danach aus der Form lösen.

Lauwarm oder kalt servieren.

MEIN TIPP
Es ist wichtig, die Tarte aus der Form zu lösen, solange der Karamell noch heiß ist. Ansonsten bleiben die Früchte beim Herausnehmen an der Form kleben und reißen auseinander.

ERDBEERMASCARPONE

Zuckerteig (Seite 86)

GARNITUR
500 g Erdbeeren
Saft von ½ Zitrone
40 g extrafeiner Zucker
1 Johannisbeerrispe

MASCARPONECREME
250 g Mascarpone
50 g Puderzucker
1 TL gemahlene Vanille

Butter und Mehl für die Tarte-Form

Für 8 Personen
Tarte-Form: 26 cm Ø

Den Backofen auf 180 °C vorheizen. Eine Tarte-Form einfetten und mit Mehl bestäuben. Mit dem Teig auslegen und in den Backofen schieben. Etwa 30 Minuten backen, bis der Teig gut durchgebacken und goldbraun ist. Anschließend abkühlen lassen.

Die Erdbeeren für die Garnitur vorbereiten, dazu waschen, entstielen und jeweils längs dritteln. In einen tiefen Teller geben und Zitronensaft sowie Zucker darüber verteilen. Alles vorsichtig miteinander mischen und den Teller dann beiseitestellen. Die Johannisbeeren waschen und trocken tupfen.

Den Mascarpone für die Mascarponecreme mit Puderzucker und gemahlener Vanille aufschlagen. Diese Creme auf den vorgebackenen Teigboden streichen, dann obenauf Erdbeerstücke und Johannisbeeren nach Belieben arrangieren. Die Tarte bis zum Servieren im Kühlschrank aufbewahren.

MEIN TIPP
Die größeren Erdbeerstücke am Tarte-Rand anordnen, damit ein schöner Kranz entsteht. Mit den mittleren Erdbeerstücken lässt sich prima die Mascarponemasse verdecken. Wer einen grafischen Effekt erzielen möchte, kann die Tarte auch mit ein paar kleinen Erdbeerwürfeln verzieren.

KIWI**ERDBEER**PFLAUMEN
APFELKOMPOTT

Mürbeteig (Seite 86)

KOMPOTT
3 Äpfel
200 g Erdbeeren
1 EL Honig
Saft von ½ Zitrone

GARNITUR
200 g Erdbeeren
5–6 schöne gelbe Pflaumen
7 Kiwis
Saft von ½ Zitrone
40 g extrafeiner Zucker
Puderzucker zum Bestäuben

Butter und Mehl für die Tarte-Form

Für 8 Personen
Tarte-Form: 26 cm Ø

Den Backofen auf 180 °C vorheizen. Eine Tarte-Form einfetten und mit Mehl bestäuben. Mit dem Teig auslegen und in den Backofen schieben. Etwa 15 Minuten backen, bis der Teig eine leicht goldbraune Färbung angenommen hat. Anschließend abkühlen lassen.

Das Kompott zubereiten: Dazu die Äpfel schälen und grob reiben, dann die Erdbeeren waschen und entstielen. Alles zusammen in einen großen Topf geben, Honig und Zitronensaft zugeben, danach bei mittlerer Temperatur 30–40 Minuten abgedeckt einkochen. Das Kompott auf den vorgebackenen Teigboden streichen.

Das gesamte Obst für die Garnitur waschen bzw. schälen. Die Pflaumen sowie fünf Kiwis in Scheiben schneiden. Diese in mehreren Reihen in der Tarte-Mitte anordnen, dabei zu beiden Seiten noch Platz für das restliche Obst lassen. Die Tarte bei 180 °C weitere 25 Minuten backen.

Die Erdbeeren entstielen und längs halbieren. In einen tiefen Teller legen und Zitronensaft sowie Zucker hinzufügen. Alles vorsichtig miteinander vermischen, dann beiseitestellen.

Die Tarte nach dem Backen an den dafür vorgesehenen Stellen mit den restlichen Kiwis und den Erdbeeren belegen. Unmittelbar vor dem Servieren mit Puderzucker bestäuben.

KÜRBISZIMT
SAHNE

Zuckerteig (Seite 86)

GARNITUR
450 g Kürbisfleisch
4 Eier
220 g extrafeiner Zucker
½ TL gemahlener Zimt
2 Pck. Vanillezucker
5 EL Sahne
25 g Mehl
160 g Butter, zerlassen
1 kleine Handvoll frische Himbeeren
Puderzucker zum Bestäuben

Butter und Mehl für die Tarte-Form

Für 8 Personen
Tarte-Form: 26 cm Ø

Den Backofen auf 180 °C vorheizen. Eine Tarte-Form einfetten und mit Mehl bestäuben. Mit dem Teig auslegen und in den Backofen schieben. Etwa 15 Minuten backen, bis der Teig eine leicht goldbraune Färbung angenommen hat. Anschließend abkühlen lassen.

Das Kürbisfleisch für die Garnitur in Würfel schneiden und in einem Topf mit kochendem Wasser etwa 10 Minuten garen. Anschließend abtropfen und abkühlen lassen.

Eiweiß und Eigelb trennen. Die Eigelbe mit Zucker, Zimt und Vanillezucker schaumig schlagen.

Die Kürbiswürfel mit Sahne, Mehl und Butter im Mixer pürieren. Das Eiweiß zu Schnee schlagen. Gut drei Viertel des Eischnees unter das Kürbispüree heben. Das restliche Viertel unter die Zucker-Eigelb-Masse ziehen. Danach beide Massen miteinander mischen.

Die Kürbis-Zimt-Masse auf den vorgebackenen Teigboden streichen und die Tarte bei 180 °C weitere 40 Minuten backen. Zum Schluss mit einigen Himbeeren dekorieren und nach Belieben mit Puderzucker bestäuben.

HEIDELBEERZIMT

2 Mürbeteige (Seite 86)

GARNITUR
500 g Heidelbeeren
25 g Maisstärke
130 g extrafeiner Zucker
¼ TL Salz
½ TL gemahlener Zimt
Milch zum Bestreichen

Butter und Mehl für die Tarte-Form

Für 8 Personen
Tarte-Form: 26 cm Ø

Den Backofen auf 180 °C vorheizen. Eine Tarte-Form einfetten und mit Mehl bestäuben. Mit dem Teig auslegen und in den Backofen schieben. Etwa 15 Minuten backen, bis der Teig eine leicht goldbraune Färbung angenommen hat. Anschließend abkühlen lassen.

Die Heidelbeeren für die Garnitur waschen und auf einem sauberen Geschirrtuch trocknen lassen. Maisstärke, Zucker, Salz und Zimt mischen. Die Heidelbeeren hinzufügen und alles sehr vorsichtig miteinander vermengen. Das Ganze auf dem vorgebackenen Teigboden verteilen.

Den zweiten Mürbeteig ausrollen und mithilfe von Ausstechern unterschiedlich große Löcher ausstechen. Den Teig auf die Heidelbeeren legen und mit Milch einpinseln. Die Tarte bei 180 °C weitere 30 Minuten backen. Lauwarm servieren.

MEIN TIPP
Für dieses Rezept kann man wunderbar tiefgekühlte Heidelbeeren verwenden.

NOCH EINE BEMERKUNG
Bei der Form, mit der ich den oberen Teig versehen habe, handelt es sich um eine „Stilübung", die aber ohne Weiteres zur klassischen Version, dem „Teiggitter", abgewandelt werden kann. In diesem Fall den zweiten Teig (eventuell reichen aber auch schon die Teigreste des Teigbodens) in Streifen schneiden und gitterartig auf den Heidelbeeren anordnen.

ZITRONEN**BAISER**

Sandteig (Seite 87)

ZITRONENCREME
4 Eier
200 g Crème fraîche
180 g extrafeiner Zucker
Saft und sehr feiner Abrieb von
2 unbehandelten Zitronen

BAISERÜBERZUG
4 Eier
1 Prise Salz
150 g Puderzucker

Butter und Mehl für die Tarte-Form

Für 8 Personen
Tarte-Form: 26 cm Ø

Den Backofen auf 180 °C vorheizen. Eine Tarte-Form einfetten und mit Mehl bestäuben. Mit dem Teig auslegen und in den Backofen schieben. Etwa 15 Minuten backen, bis der Teig eine leicht goldbraune Färbung angenommen hat. Anschließend abkühlen lassen.

Die Zitronencreme zubereiten: Zwei der Eier trennen. Die beiden ganzen Eier, Eigelbe, Crème fraîche und Zucker mischen. Den Zitronensaft und -abrieb zugeben und unterrühren. Die Zitronencreme auf den vorgebackenen Teigboden streichen und die Tarte bei 180 °C weitere 30 Minuten im Ofen backen.

Den Baiserüberzug zubereiten: Dazu die vier Eiweiße mit dem Salz aufschlagen. Sobald der Eischnee fest ist, schrittweise den Puderzucker unterschlagen.

Die Zitronentarte nach dem Backen mit der Baisermasse überziehen und erneut 10 Minuten im Ofen backen, bis der Baiserüberzug eine leicht goldbraune Färbung angenommen hat.

Die Tarte im ausgeschalteten Backofen 40 Minuten ruhen lassen, damit die Baiserhaube schön knusprig wird.

ROTEPFLAUMEN
APFELKOMPOTT

Mürbeteig (Seite 86)

KOMPOTT
2 Äpfel (z. B. Goldparmäne, Kanadarenette oder Boskop)
6-7 schöne rote Pflaumen
1 großzügiger EL Honig

GARNITUR
700 g rote Pflaumen
Puderzucker zum Bestäuben

Butter und Mehl für die Tarte-Form

Für 8 Personen
Tarte-Form: 26 cm Ø

Den Backofen auf 180 °C vorheizen. Eine Tarte-Form einfetten und mit Mehl bestäuben. Mit dem Teig auslegen und in den Backofen schieben. Etwa 15 Minuten backen, bis der Teig eine leicht goldbraune Färbung angenommen hat. Anschließend abkühlen lassen.

Das Kompott zubereiten: Dazu die Äpfel schälen und in kleine Stücke schneiden. Die Pflaumen waschen und in Scheiben schneiden. Alles zusammen in einen großen Topf geben, dann den Honig und etwas Wasser hinzufügen und das Ganze bei mittlerer Temperatur abgedeckt 30–40 Minuten einkochen lassen. Das Kompott auf den vorgebackenen Teigboden streichen.

Die Pflaumen waschen und für die Garnitur vorbereiten: Dazu die Früchte in etwa 5 mm dicke Scheiben schneiden und vom Rand aus rosettenförmig auf der Tarte verteilen. Die Tarte bei 180 °C weitere 25 Minuten backen.

Kurz vor dem Servieren mit Puderzucker bestäuben.

MEIN TIPP
Es empfiehlt sich, für die Tarte-Mitte dünnere Pflaumenscheiben zu schneiden. Auf diese Weise lassen sie sich leichter anordnen.

APFELKARAMELL
GESALZENE BUTTER

Mürbeteig (Seite 86)

APFEL-CONFIT
4½ Äpfel (z. B. Boskop oder Kanadarenette)
120 g Zucker
40 g leicht gesalzene Butter
150 g Sahne

FÜR DIE GARNITUR
½ Apfel
1 EL brauner Zucker
40 g getrocknete Cranberries

Butter und Mehl für die Tarte-Form

Für 8 Personen
Tarte-Form: 26 cm Ø

Den Backofen auf 180 °C vorheizen. Eine Tarte-Form einfetten und mit Mehl bestäuben. Mit dem Teig auslegen und in den Backofen schieben. Etwa 15 Minuten backen, bis der Teig eine leicht goldbraune Färbung angenommen hat. Anschließend abkühlen lassen.

Die Äpfel schälen und halbieren (eine Apfelhälfte für die Garnitur aufbewahren), dann in Scheiben schneiden.

Für das Apfel-Confit den Karamell ohne Wasserzugabe zubereiten: Dazu den Zucker in einen Topf mit schwerem Boden geben und bei mittlerer Temperatur ohne Rühren schmelzen lassen, bis der Zucker eine rotbraune Färbung angenommen hat. Dann den Topf hin und her schwenken, um eine homogene Karamellmasse zu erhalten. Bei niedriger Temperatur die Butter unterrühren, danach die Sahne angießen. Sobald die Masse flüssig wird, die Apfelscheiben hineingeben, den Deckel auflegen und bei schwacher Hitze 40 Minuten einkochen.

Das Apfel-Confit auf den vorgebackenen Teigboden streichen und vorsichtig flach drücken, damit eine glatte Oberfläche entsteht. Die beiseitegelegte Apfelhälfte in sehr feine Scheiben schneiden, diese auf dem Apfel-Confit arrangieren und mit dem braunen Zucker bestreuen. Die Tarte bei 180 °C weitere 25 Minuten backen.

Die Apfel-Karamell-Tarte mit den Cranberries dekorieren und lau- oder zimmerwarm servieren.

MEIN TIPP
Falls Sie noch Karamell übrig haben sollten, reichen Sie ihn einfach zur lauwarmen Tarte!

APFELRHABARBER
ELSÄSSER ART

Zuckerteig (Seite 86)

GARNITUR
4 Äpfel (vorzugsweise
Golden Delicious)
4 rote Rhabarberstangen
Puderzucker zum Bestäuben

EI-SAHNE-MASSE
200 ml Vollmilch
200 g Sahne
3 Eier
125 g Zucker
Mark von 1 Vanilleschote

Butter und Mehl für die Tarte-Form

Für 8 Personen
Tarte-Form: 26 cm Ø

Den Backofen auf 180 °C vorheizen. Eine Tarte-Form einfetten und mit Mehl bestäuben. Mit dem Teig auslegen und in den Backofen schieben. Etwa 15 Minuten backen, bis der Teig eine leicht goldbraune Färbung angenommen hat. Anschließend abkühlen lassen.

Die Äpfel für die Garnitur schälen und in etwa 1,5 cm dicke Spalten schneiden. Den Rhabarber putzen und in etwa 2 cm lange Stücke schneiden.

Das Obst auf dem vorgebackenen Tarte-Teig verteilen: Zunächst die Rhabarberstücke aufrecht am Rand anordnen, danach die Apfelspalten arrangieren und mit der Rhabarber-Rosette in der Mitte abschließen.

Die Ei-Sahne-Masse zubereiten: Dazu die Milch mit Sahne, Eiern, Zucker und Vanillemark verrühren, bis eine homogene Masse entstanden ist. Die flüssige Masse vorsichtig über die Tarte gießen, ohne die Position der Früchte zu verändern. Die Tarte bei 180 °C weitere 40–50 Minuten im Backofen backen, dabei vor dem Herausnehmen den Garzustand der Äpfel überprüfen. Vor dem Servieren mit Puderzucker bestäuben und heiß oder lauwarm verzehren (kalt schmeckt sie aber auch sehr gut!).

MEINE TIPPS
Wenn Sie die Ei-Sahne-Masse auf der Tarte verteilen, gießen Sie sie möglichst nicht direkt auf die Früchte. Außerdem sollten Sie diesen heiklen Arbeitsschritt in der Nähe des Backofens durchführen (wenn möglich sogar gleich auf dem Backrost!), damit das Obst sich auf dem Weg zum Backofen nicht noch verschiebt. Die besonders roten Rhabarberstücke für die Tarte-Mitte aufheben.

ORANGESCHOKOLADE
ORANGENCREME

Mürbeteig (Seite 86)
25 g gesalzene Butter
25 g brauner Zucker
150 g Zartbitterschokolade

ORANGENCREME
300 ml Orangensaft
100 g Zucker
1 Pck. Vanillezucker
2 EL Maisstärke
1 Ei
5 g Butter, in Würfel geschnitten

GARNITUR
1 Orange
6 Blutorangen

Für 8 Personen
Tarte-Form: 26 cm Ø

Den Backofen auf 180 °C vorheizen. In einem kleinen Topf die gesalzene Butter zerlassen. Ein Stück Backpapier mit der zerlassenen Butter bestreichen und mit dem braunen Zucker bestreuen. Darauf den Teig ausrollen. Den Teig samt Backpapier in die Tarte-Form geben. Den Teigboden mit einer Gabel leicht einstechen und 15 Minuten blind backen, d. h. mit Backpapier und Hülsenfrüchten beschwert. Beides nach dem Backen wieder entfernen. Den Teigboden abkühlen lassen.

Die Zartbitterschokolade zum Schmelzen bringen und mithilfe eines Küchenspatels auf dem vorgebackenen Teigboden verstreichen.

Die Orangencreme zubereiten: Dazu den Orangensaft, beide Zuckersorten, Maisstärke und Ei in einen Topf geben. Das Ganze bei niedriger Temperatur unter ständigem Rühren köcheln lassen, bis die Creme eindickt (falls nötig, noch etwas Stärke hinzufügen). Danach den Topf vom Herd nehmen, die Butterwürfel hineingeben und unterschlagen, bis sich alles miteinander verbunden hat.

Die Orangencreme vorsichtig auf der Schokoschicht verteilen, ohne dass sich beides vermischt. Die Tarte bei 180 °C weitere 15–20 Minuten backen und dabei im Auge behalten: Sie ist fertig gebacken, wenn die Creme nicht mehr glänzt und in der Mitte noch leicht wabbelt.

Die Orangen für die Garnitur filetieren: Dazu jeweils beide Enden der Frucht abschneiden, dann sorgfältig die restliche Schale entfernen und sich dabei an die Rundung der Orange halten. Die dünnen Trennhäute der Orangenfilets entfernen, indem man die Orange in die Hand nimmt und mithilfe eines kleinen, scharfen Messers entlang der Trennwände bis zur Mitte hin schneidet und die Filets dann ganz vorsichtig herauslöst.

Die Tarte nach dem Backen mit den Orangenfilets belegen und anschließend einige Stunden im Kühlschrank aufbewahren.

Sehr kühl servieren.

MEIN TIPP
Stellen Sie Ihre Orangenfilets nach Farben zusammen. Auf diese Weise können Sie beim Anrichten der Orangenspalten auf der Creme hübsche Farbabstufungen erzielen.

APRIKOSENPISTAZIEN

PISTAZIENCREME

Zuckerteig (Seite 86)

GARNITUR
850 g in Sirup eingelegte Aprikosenhälften (aus der Dose)
50 g gehackte Pistazien

PISTAZIENCREME
200 ml Vollmilch
200 g Sahne
3 Eier
100 g Zucker
40 g gehackte Pistazien

Butter und Mehl für die Tarte-Form

Für 8 Personen
Tarte-Form: 26 cm Ø

Den Backofen auf 180 °C vorheizen. Eine Tarte-Form einfetten und mit Mehl bestäuben. Mit dem Teig auslegen und in den Backofen schieben. Etwa 15 Minuten backen, bis der Teig eine leicht goldbraune Färbung angenommen hat. Anschließend abkühlen lassen.

Einen Teil der Aprikosenhälften für die Garnitur vierteln und die Aprikosenviertel am Tarte-Rand anordnen. Die übrigen Aprikosenhälften in der Mitte anrichten.

Die Pistaziencreme zubereiten: Dazu Milch, Sahne, Eier und Zucker verrühren, bis eine homogene Masse entstanden ist. Die gehackten Pistazien untermischen und die Pistaziencreme sehr vorsichtig über die Tarte gießen, ohne die Früchte zu verschieben.

Die Tarte bei 180 °C weitere 40 Minuten backen. In der Zwischenzeit die restlichen gehackten Pistazien rösten und nach dem Backen über die Tarte streuen.

MEIN TIPP
Wenn Sie die Pistaziencreme auf der Tarte verteilen, gießen Sie sie möglichst nicht direkt auf die Früchte. Außerdem sollten Sie diesen heiklen Arbeitsschritt in der Nähe des Backofens durchführen (möglichst gleich auf dem Backrost!). So verhindern Sie, dass das Obst sich auf dem Weg zum Backofen noch verschiebt.

APFELDATTEL
APFELKOMPOTT

Sandteig (Seite 87)

KOMPOTT
3 Äpfel (vorzugsweise Golden Delicious oder Chantecler oder eine andere süße, aromatische Sorte Ihrer Wahl)
5 Datteln
Saft und Abrieb von ½ unbehandelten Zitrone
1 EL Ahornsirup
1 gestrichener TL gemahlener Zimt

GARNITUR
3 Äpfel (vorzugsweise Golden Delicious oder Chantecler oder eine andere süße, aromatische Sorte Ihrer Wahl)
etwa 15 weiche Datteln
40 g brauner Zucker

Butter und Mehl für die Tarte-Form

Für 8 Personen
Tarte-Form: 26 cm Ø

Den Backofen auf 180 °C vorheizen. Eine Tarte-Form einfetten und mit Mehl bestäuben. Mit dem Teig auslegen und in den Backofen schieben. Etwa 15 Minuten backen, bis der Teig eine leicht goldbraune Färbung angenommen hat. Anschließend abkühlen lassen.

Das Kompott zubereiten: Dazu die Äpfel schälen und zusammen mit den Datteln in kleine Stücke schneiden. In einen großen Topf mit schwerem Boden füllen und mit Zitronensaft und -abrieb, Ahornsirup sowie Zimt unter gelegentlichem Rühren zum Kochen bringen. Dann die Temperatur reduzieren und das Ganze bei schwacher Hitze mindestens 40 Minuten einkochen.

Die restlichen Äpfel für die Garnitur schälen und in sehr feine Scheiben schneiden. Die Datteln entsteinen und jeweils in sechs Streifen schneiden. Das fertige Kompott auf den vorgebackenen Teigboden streichen und obenauf die Früchte arrangieren, indem man mit den Apfelscheiben beginnt und anschließend die Datteln einfügt. Die Tarte mit 20 g braunem Zucker bestreuen und weitere 30 Minuten bei 180 °C backen.

Nach dem Backen mit dem restlichen Zucker bestreuen und möglichst lauwarm verzehren.

BIRNEN**MANDEL**
MANDELCREME

Mürbeteig (Seite 86)

GARNITUR
4 Birnen (vorzugsweise Williams Christ)
300 g Zucker
1 Vanilleschote, aufgeschlitzt und ausgekratzt
Puderzucker zum Bestäuben

MANDELCREME
100 g weiche Butter
100 g gemahlene Mandeln
80 g Zucker
2 Eier
1 EL Mehl

Butter und Mehl für die Tarte-Form

Für 8 Personen
Tarte-Form: 26 cm Ø

Den Backofen auf 180 °C vorheizen. Eine Tarte-Form einfetten und mit Mehl bestäuben. Mit dem Teig auslegen und in den Backofen schieben. Etwa 15 Minuten backen, bis der Teig eine leicht goldbraune Färbung angenommen hat. Anschließend abkühlen lassen.

Die Birnen pochieren: Dazu zuerst die Birnen schälen. Dann den Zucker sowie Vanillemark und -schote in einen Topf mit 1,5 l Wasser füllen. Das Zuckerwasser aufkochen und die Birnen darin etwa 20 Minuten knapp unter dem Siedepunkt garen. Anschließend abtropfen und abkühlen lassen.

Die Mandelcreme zubereiten: Dazu die weiche Butter kräftig rühren, bis sie glatt und geschmeidig ist. Dann zuerst die gemahlenen Mandeln und den Zucker einarbeiten, danach die Eier unterschlagen. Das Mehl zugeben und energisch weiterschlagen, bis eine cremige Masse entstanden ist. Die Creme auf den vorgebackenen Teigboden streichen.

Die pochierten Birnen vom Kerngehäuse befreien und in Spalten schneiden. Die Birnenspalten auf der Mandelcreme verteilen und leicht hineindrücken. Die Tarte bei 200 °C weitere 30 Minuten backen. Mit Puderzucker bestäuben und lauwarm oder kalt servieren.

MEIN TIPP
Für die Tarte-Mitte möglichst eine kleinere Birne wählen. Die Birnenspalten lassen sich so leichter anordnen. Ansonsten die Birnenschnitze einfach auf die gewünschte Größe zurechtschneiden.

KIRSCHAMARETTO
MANDELMILCH

Sandteig (Seite 87)

CRÈME PÂTISSIÈRE
300 ml Mandelmilch
3 Eigelb
70 g Zucker
5 g Mehl
25 g Maisstärke
3 EL Amaretto (Mandellikör)

GARNITUR
500 g helle Süßkirschen
(z. B. Sunburst oder Summit)
500 g dunkle Süßkirschen
(z. B. Burlat oder Stark Hardy Giant)
25 g brauner Zucker

Butter und Mehl für die Tarte-Form

Für 8 Personen
Tarte-Form: 26 cm Ø

Den Backofen auf 180 °C vorheizen. Eine Tarte-Form einfetten und mit Mehl bestäuben. Mit dem Teig auslegen und in den Backofen schieben. Etwa 30 Minuten backen, bis der Teig durchgebacken ist und eine goldbraune Färbung angenommen hat. Anschließend abkühlen lassen.

Die Crème Pâtissière zubereiten: In einem Topf die Mandelmilch bis knapp unter den Siedepunkt erhitzen. In einer großen Schüssel die Eigelbe mit dem Zucker schaumig schlagen. Löffelweise das Mehl und die Maisstärke unterrühren, bis die Creme glatt ist. Danach langsam die heiße Mandelmilch zugießen und rühren, bis eine flüssige, homogene Masse entstanden ist. Das Ganze zurück in den Topf geben und unter ständigem Rühren bei niedriger Temperatur erhitzen, bis die Creme andickt. Den Topf vom Herd nehmen. Den Amaretto hinzufügen und etwa 1 Minute verrühren. Die Creme abkühlen lassen, dann auf dem vorgebackenen Teigboden verteilen und glatt streichen.

Die Kirschen für die Garnitur waschen, von den Stielen befreien und entsteinen, dann halbieren und auf der Creme anrichten. Die fertige Tarte im Kühlschrank aufbewahren.

Kurz vor dem Servieren mit dem braunen Zucker bestreuen.

APFEL**BIRNEN**ZIMT

APFEL-BIRNEN-KOMPOTT

Mürbeteig (Seite 86)

KOMPOTT
2 Äpfel (z. B. Chantecler oder eine andere süße, aromatische Sorte Ihrer Wahl bzw. Golden Delicious)
2 Birnen (z. B. Williams Christ oder Vereinsdechant)
1 TL gemahlener Zimt
1 EL Honig

GARNITUR
1–2 Äpfel (z. B. Chantecler oder eine andere süße, aromatische Sorte Ihrer Wahl bzw. Golden Delicious)
2 Birnen (z. B. Williams Christ oder Vereinsdechant)
Zimt und Puderzucker zum Bestäuben

Butter und Mehl für die Tarte-Form

Für 8 Personen
Tarte-Form: 26 cm Ø

Den Backofen auf 180 °C vorheizen. Eine Tarte-Form einfetten und mit Mehl bestäuben. Mit dem Teig auslegen und in den Backofen schieben. Etwa 15 Minuten backen, bis der Teig eine leicht goldbraune Färbung angenommen hat. Anschließend abkühlen lassen.

Das Kompott zubereiten: Dazu Äpfel und Birnen schälen und in kleine Würfel schneiden. Zusammen mit Zimt, Honig und etwas Wasser in einen Topf geben. Das Ganze bis knapp unter den Siedepunkt erhitzen, dann den Deckel auflegen und bei niedriger Temperatur etwa 40 Minuten einkochen. Das Kompott auf den vorgebackenen Teigboden streichen.

Die restlichen Äpfel für die Garnitur schälen und in dünne Scheiben schneiden. Die Birnen schälen und fein würfeln. Das Obst auf dem Kompott arrangieren und die Tarte bei 180 °C weitere 30 Minuten backen.

Mit Zimt und Puderzucker bestäubt servieren.

KIWIAPRIKOSEN
APFEL-APRIKOSEN-KOMPOTT

Zuckerteig mit Zimt (Seite 86)

KOMPOTT
300 g in Sirup eingelegte Aprikosenhälften (aus der Dose)
1 Apfel, geschält
3 EL Aprikosensirup

GARNITUR
1 kg kleine Kiwis (ca. 15 Stück)
500 g in Sirup eingelegte Aprikosenhälften (aus der Dose)
Puderzucker zum Bestäuben

Butter und Mehl für die Tarte-Form

Für 8 Personen
Tarte-Form: 26 cm Ø

Den Backofen auf 180 °C vorheizen. Eine Tarte-Form einfetten und mit Mehl bestäuben. Mit dem Teig auslegen und in den Backofen schieben. Etwa 15 Minuten backen, bis der Teig eine leicht goldbraune Färbung angenommen hat. Anschließend abkühlen lassen.

Das Kompott zubereiten: Dazu die Aprikosen und den Apfel in kleine Würfel schneiden und in einen Topf geben. Den Aprikosensirup hinzufügen, dann das Ganze bis knapp unter den Siedepunkt erhitzen und den Deckel auflegen. Bei niedriger Temperatur etwa 40 Minuten einkochen. Danach die Früchte mit einer Gabel zerdrücken und das Kompott auf den vorgebackenen Teigboden streichen.

Die Kiwis halbieren und mithilfe eines Kugelausstechers Halbkugeln formen (Ø 3 cm). Die restlichen Aprikosenhälften vierteln. Die Früchte auf dem Kompott arrangieren und die Tarte bei 180 °C weitere 25–30 Minuten im Ofen backen. Mit Puderzucker bestäubt servieren.

MEIN TIPP
Indem man die Kiwis mal längs und mal quer durchschneidet, erhält man Halbkugeln mit unterschiedlichen Mustern.

PFIRSICH**BROMBEER**APRIKOSEN
MANDELCREME

Sandteig (Seite 87)

MANDELCREME
100 g weiche Butter
100 g gemahlene Mandeln
80 g extrafeiner Zucker
2 Eier
1 EL Mehl
1 TL Bittermandel-Aroma

GARNITUR
5 flache Pfirsiche (z. B. Weinberg-pfirsiche)
4 schöne Aprikosen
750 g große Brombeeren

Butter und Mehl für die Tarte-Form

Für 8 Personen
Tarte-Form: 26 cm Ø

Den Backofen auf 180 °C vorheizen. Eine Tarte-Form einfetten und mit Mehl bestäuben. Mit dem Teig auslegen und in den Backofen schieben. Etwa 15 Minuten backen, bis der Teig eine leicht goldbraune Färbung angenommen hat. Anschließend abkühlen lassen.

Die Mandelcreme zubereiten: Dazu die weiche Butter aufschlagen, dann gemahlene Mandeln, Zucker und Eier unterrühren. Das Mehl und das Bittermandel-Aroma unterschlagen, bis eine homogene Creme entstanden ist. Die Creme auf den vorgebackenen Teigboden streichen und das Ganze bei 180 °C weitere 20–25 Minuten backen.

Das Obst für die Garnitur waschen und vorbereiten: Die Pfirsiche schälen und in etwa 1 cm dicke Spalten schneiden. Für die Tarte-Mitte ein paar dünnere Scheiben bereitstellen. Die Aprikosen jeweils in sechs Schnitze teilen.

Die Tarte aus dem Ofen nehmen und abkühlen lassen, dann nach Lust und Laune mit den Früchten belegen.

MEINE TIPPS
Die großen Brombeeren besser hinlegen, anstatt sie aufrecht anzuordnen.
Die für die Mitte vorgesehenen Aprikosen in dünnere Spalten schneiden, dann lassen sie sich leichter auf der Tarte anrichten.

ZWETSCHGENMANDELN
MANDELCREME

Mürbeteig (Seite 86)

MANDELCREME
100 g weiche Butter
100 g gemahlene Mandeln
80 g extrafeiner Zucker
2 Eier
1 EL Mehl
1 TL Bittermandel-Aroma

GARNITUR
800 g Zwetschgen
brauner Zucker (Menge nach Belieben)
100 g gehackte Mandeln

Butter und Mehl für die Tarte-Form

Für 8 Personen
Tarte-Form: 26 cm Ø

Den Backofen auf 180 °C vorheizen. Eine Tarte-Form einfetten und mit Mehl bestäuben. Mit dem Teig auslegen und in den Backofen schieben. Etwa 15 Minuten backen, bis der Teig eine leicht goldbraune Färbung angenommen hat. Anschließend abkühlen lassen.

Die Mandelcreme zubereiten: Dazu die weiche Butter aufschlagen, dann gemahlene Mandeln, Zucker und Eier unterrühren. Das Mehl und das Bittermandel-Aroma unterschlagen, bis eine homogene Creme entstanden ist. Die Creme auf den vorgebackenen Teigboden streichen und das Ganze bei 180 °C weitere 10 Minuten backen.

Aus dem Ofen nehmen und einige Minuten warten, bis die Tarte abgekühlt ist. In der Zwischenzeit die Zwetschgen waschen, halbieren und entsteinen. Die Hälften nach Belieben auf der Tarte arrangieren. Mit dem braunen Zucker bestreuen und erneut 30 Minuten backen.

Inzwischen die gehackten Mandeln rösten und nach dem Backen auf den Zwetschgen verteilen.

MEINE TIPPS
Die Zwetschgen quer durchschneiden, damit gleichmäßig runde Scheiben entstehen. Diese lassen sich hübsch auf der Tarte anrichten.
Falls Sie im Supermarkt keine gehackten Mandeln bekommen, kaufen Sie stattdessen geschälte Mandeln und hacken Sie sie einfach selbst.

TARTE-TEIGE

ZUCKERTEIG
(Pâte sucrée)

140 g Butter (Raumtemperatur)
100 g Puderzucker
1 Ei
250 g Mehl zzgl. Mehl für die Arbeitsfläche
1 Prise Salz

In einer großen Schüssel die Butter mit dem Puderzucker aufschlagen, bis die Konsistenz schön cremig ist. Dann Ei, Mehl und Salz zugeben. Das Ganze durchkneten, bis ein homogener Teig entstanden ist. Den Teig zu einer Kugel formen, die Kugel flach drücken und in Frischhaltefolie wickeln. Etwa 2 Stunden im Kühlschrank aufbewahren, bis der Teig fest geworden ist.

Den Teig auf einer bemehlten Arbeitsfläche 3 mm dick ausrollen. Dann den Teig um den Teigroller wickeln und in der zuvor gefetteten und mit Mehl bestäubten Tarte-Form wieder ausrollen. Den Rand fest andrücken und den Teigboden mit einer Gabel leicht einstechen. Der Teig kann jetzt in den Backofen geschoben werden.

ZUCKERTEIG MIT ZIMT
(Pâte sucrée cannelle)

120 g Butter (Raumtemperatur)
80 g Puderzucker
30 g gemahlene Mandeln
1 Prise Salz
1 Ei
1 TL Zimt
200 g Mehl zzgl. Mehl für die Arbeitsfläche

In einer großen Schüssel die Butter mit dem Puderzucker verrühren. Die gemahlenen Mandeln sowie das Salz hinzufügen und rühren, bis eine Creme entstanden ist. Zuerst das Ei, danach den Zimt zugeben und ebenfalls unterrühren. Löffelweise das Mehl einarbeiten und dabei nach jeder Zugabe gut rühren, bis ein homogener Teig entstanden ist. Den Teig zu einer Kugel formen, die Kugel flach drücken und in Frischhaltefolie wickeln. Etwa 2 Stunden im Kühlschrank aufbewahren, bis der Teig fest geworden ist.

Den Teig auf einer bemehlten Arbeitsfläche 3 mm dick ausrollen. Dann den Teig um den Teigroller wickeln und in der zuvor gefetteten und mit Mehl bestäubten Tarte-Form wieder ausrollen. Den Rand fest andrücken und den Teigboden mit einer Gabel leicht einstechen. Der Teig kann jetzt in den Backofen geschoben werden.

MÜRBETEIG
(Pâte brisée)

250 g Mehl zzgl. Mehl für die Arbeitsfläche
1 Prise Salz
60 g Puderzucker
125 g Butter (Raumtemperatur), in Würfel geschnitten
1 Eigelb

Das Mehl in eine große Schüssel sieben und das Salz sowie den Puderzucker zugeben. Eine Mulde formen und die Butterwürfel hineingeben, dann das Ganze mit den Händen verkneten, bis der Teig die Konsistenz von feuchtem Sand hat. Schrittweise das Eigelb und 40 ml Wasser einarbeiten, bis ein homogener Teig entstanden ist. Den Teig zu einer Kugel formen, die Kugel flach drücken und in Frischhaltefolie wickeln. Etwa 2 Stunden im Kühlschrank aufbewahren, bis der Teig fest geworden ist.

Den Teig auf einer bemehlten Arbeitsfläche 3 mm dick ausrollen. Dann den Teig um den Teigroller wickeln und in der zuvor gefetteten und mit Mehl bestäubten Tarte-Form wieder ausrollen. Den Rand fest andrücken und den Teigboden mit einer Gabel leicht einstechen. Der Teig kann jetzt in den Backofen geschoben werden.

Mein Tipp: Den Teig nicht allzu lange kneten, sonst schmilzt die Butter und der Teig wird dadurch zu elastisch.

SANDTEIG
(Pâte sablée)

250 g Mehl zzgl. Mehl für die Arbeitsfläche
150 g Butter (Raumtemperatur), in Würfel geschnitten
80 g Puderzucker
1 Ei
1 Prise Salz

Das Mehl auf die Arbeitsfläche sieben und zu einem Hügel formen, dann die Butterwürfel und den Puderzucker hinzufügen. Mit den Händen durchkneten, bis der Teig die Konsistenz von feuchtem Sand hat. Eine Mulde formen, das Ei und das Salz hineingeben und unterkneten, bis ein homogener Teig entstanden ist. Den Teig zu einer Kugel formen, die Kugel flach drücken und in Frischhaltefolie wickeln. Etwa 2 Stunden im Kühlschrank aufbewahren, bis der Teig fest geworden ist.

Den Teig auf einer bemehlten Arbeitsfläche 3 mm dick ausrollen. Dann den Teig um den Teigroller wickeln und in der zuvor gefetteten und mit Mehl bestäubten Tarte-Form wieder ausrollen. Den Rand fest andrücken und den Teigboden mit einer Gabel leicht einstechen. Der Teig kann jetzt in den Backofen geschoben werden.

Für einen Sandteig mit Mandeln einfach 25 g gemahlene Mandeln unter das Mehl mischen.

BRETONISCHER SANDTEIG
(Pâte „sablé breton“)

2 Eigelb
90 g Puderzucker
90 g gesalzene Butter (Raumtemperatur), in Würfel geschnitten
145 g Mehl
1 Pck. Backpulver

In einer großen Schüssel die Eigelbe mit dem Puderzucker schaumig schlagen. Die weichen Butterwürfel einarbeiten und nach und nach das Mehl sowie das Backpulver unterrühren, bis ein homogener Teig entstanden ist. Den Teig zwischen zwei Lagen Backpapier geben und so ausrollen, dass der Teigkreis die Größe der Tarte-Form hat. Etwa 30 Minuten im Kühlschrank aufbewahren, bis der Teig fest geworden ist.

Das obere Backpapier abziehen und den Teig in die Tarte-Form füllen, ohne dabei einen Rand zu formen.

BLITZBLÄTTERTEIG
(Pâte semi-feuilletée „express“)

3 Becher Petits-Suisses (alternativ 180 g Sahnequark, abgetropft)
150 g Mehl zzgl. Mehl für die Arbeitsfläche
75 g Butter
1 Prise Salz

Alle Zutaten mit der Gabel zu einem Teig verrühren. Daraus eine Kugel formen und diese flach drücken. Die Teigkugel mindestens 1 Stunde im Kühlschrank ruhen lassen.

Den Teig auf einer bemehlten Arbeitsfläche 3 mm dick ausrollen. Dann den Teig um den Teigroller wickeln und in der zuvor gefetteten und mit Mehl bestäubten Tarte-Form wieder ausrollen. Den Rand fest andrücken und den Teigboden mit einer Gabel leicht einstechen. Der Teig kann jetzt in den Backofen geschoben werden.

Die Tarte-Teige sind im Kühlschrank 2–3 Tage haltbar. 30 Minuten vor der Weiterverwendung aus dem Kühlschrank nehmen, damit der Teig nicht so fest ist und sich gut verarbeiten lässt. Bitte achten Sie immer darauf, den Teig nicht allzu lange zu kneten, da sonst die Butter schmilzt und der Teig zu elastisch wird (das gilt insbesondere für den Mürbeteig!). Aus all diesen Teigen lassen sich auch wunderbar Plätzchen zubereiten. Wer möchte, kann also mit den Teigresten einfach eine kleine Ladung Kekse backen (als Backzeit 8–12 Minuten ansetzen). Anschließend können Sie sie mit Zucker, Zimt oder Kakaopulver bestäuben oder auch vor dem Backen mit ein paar gehackten Mandeln bestreuen.

DANKSAGUNG

Ein großes Dankeschön geht an meine netten Obst- und Gemüsehändler für ihre Unterstützung und die Qualität ihrer Früchte:

Abdellah Chair
Chair Primeurs Courville
23 Rue Pannard
28190 Courville
France
&
Primeurs Lepic
26 Rue Lepic
75018 Paris
France

Titel der französischen Originalausgabe: Une Tarte Pour Dimanche

www.umschau-verlag.de

Übersetzung: Jutta Schiborr, Brüssel
Lektorat: Julia Bauer, Berlin
Satz: Mario Moths, Marl
Druck & Verarbeitung: FINDER, s.r.o
Printed in Czech Republic
ISBN 978-3-86528-821-9